［過去問］

2024

東京学芸大学附属 世田谷小学校
入試問題集

JN084606

・問題内容についてはできる限り正確な調査分析をしていますが、入試を実際に受けたお子さんの記憶に
基づいていますので、多少不明瞭な点はご了承ください。

Shinga-kai

過去10年間の入試問題分析
出題傾向とその対策

2023年傾向

ペーパーテストは昨年度と同じく立ったまま行われ、点図形の出題がありました。お手本が前方に掲示される出題方法により「見る力」が一層必要とされるとともに、短い時間の中で行う作業力や巧緻性も求められました。考査中に保護者に実施されるアンケートは、昨年度と同じく選択式と記述式の項目が3問ずつでした。

傾　向

選考は第一次と第二次に分かれています。第一次は男女とも1日で、1日目に男子、2日目に女子の考査が行われます。それぞれ受験番号順に約15人単位でペーパーテスト、集団テスト、個別テストを実施します。所要時間は40分～1時間で、色違いの帽子をかぶって行います。子どもの考査中に保護者にはアンケート用紙が配られるので、その場で記入して提出します。ペーパーテストでは、学習の基本姿勢である「聞く力」を必要とする話の記憶が毎年出されています。特に常識の問題と関連させ、ある出来事に対しての動物たちの反応について「正しいことを言ったのはどの動物だと思いますか」などと質問し、判断力を問う出題が多いのが特徴です。また、身近な生き物の生態などが、話の記憶の中で問われることもあります。巧緻性や模写で出される線を引く課題では、筆記用具を正しく持って扱えるかが重要です。ここ2年出題されていませんが、実際に直角二等辺三角形のカードを数枚使ってお手本と同じ形を作るといった構成の課題も例年出題されています。ペーパーテストの後の集団テストでは2022、2023年度は玉入れが行われましたが、例年は同じ教室内でリズムを含む簡単な模倣体操などが行われています。巧緻性では、紙を折ってクリアフォルダに入れる課題がほぼ毎年出されています。またカプラなどが置かれた教室の半分のスペースで遊ぶように指示される課題遊びの間に、1人ずつ呼ばれて個別テストが行われます。このときに、誰とどうやって学校まで来たか、朝ごはんに何を食べたか、朝ごはんを食べる前に何をするか、好きな食べ物とそれをどこで食べるかなど日常生活に関することや、おもちゃ屋さんで品物を壊してしまったら親に何と言うかなど判断力に関することをたずねられます。他人のこと

ではなく自分のことですから、黙っていたり「わかりません」と答えたりせず、具体的なことや自分の気持ちをきちんと伝えることが大切です。ほかに、個別テストでは、図書館など公共の場での注意点、幼稚園（保育園）などで仲間に入れないでいる子やけがや失敗をしてしまった子の気持ちを考えてあげられるかといった、生活の中での想像力や判断力などを見る課題が多くあります。過去にはTシャツをたたんで指定された場所に置くという、生活習慣を見る課題が集団テストで出されたこともありました。

対　策

ペーパーテストの対策として、日常生活における常識的な感覚を身につけておくことが必要となります。学校側は子どもに生活力の基本が備わっているかどうかを見ているため、自立心や判断力を養っておくことが大切です。特に、公共の場に出て社会との接点をできるだけ増やし、マナーなどへの意識を高めていくことが重要でしょう。話の記憶では、テスターの話をよく聞くことはもちろん、お話に出てくる動物たちの行動のよし悪しを考え、自分のことに置き換えて正しい判断ができるようにしておきましょう。そのためには練習問題をただくり返し行うだけでなく、保護者が子どもとしっかり向き合ってよく考える習慣をつけさせることが一番です。構成では三角形をいくつか組み合わせた形を作る課題がよく出されていますが、これは、ジグソーパズルやブロック、積み木遊びなどが基礎となります。できるだけ構成力を高める遊びを多く取り入れ、楽しみながら力をつけていきましょう。ペーパーテストでは毎年水性のフェルトペンを使用するので、日常的な筆記具の1つとしてフェルトペンにも慣れておくとよいでしょう。集団テストでは模倣体操などがあります。特別に優れた運動能力が必要なわけではありませんが、指示を正確に聞き取り理解して行動できることが重要ですので、ペーパーテストが終わっても気を抜かないことが肝心です。課題遊びをしながら個別テストに呼ばれるのを待つ間の態度も大切です。大騒ぎをして周りに迷惑をかけないようにするなど、基本的なルールを守れるようにしましょう。お約束をしっかり聞いて活動できる状態にしておかないと、自分が呼ばれたことすら気づかないことがあります。また、紙をお手本通りに折りたたんでクリアフォルダにしまう課題がよく出題されますので、自分のことは自分で行う習慣を身につけ、それにより手先の巧緻性を高めて、身の回りのものを手早く整理整頓できるようにしておきましょう。個別テストでは、絵を見ながら想像力や判断力、お友達とのかかわりや社会のルールに関する意識を問われる課題が行われます。日ごろからさまざまな生活場面で、自分だったらどうするか、どう思うか、との問いかけをし、自分で考える力や思いを引き出していきましょう。また、解答の内容だけでなく、答え方や立ち居振る舞いでも自立した印象を与えられるよう自信と自覚を持たせてください。そして、過去に行ったテストの問題が出されることも多いので、過去問題集をくり返ししっかり行うことが大切です。

年度別入試問題分析表

【東京学芸大学附属世田谷小学校】

	2023	2022	2021	2020	2019	2018	2017	2016	2015	2014
ペーパーテスト										
話	○	○	○	○	○	○	○	○	○	○
数量	○	○	○	○	○	○	○			
観察力										
言語										
推理・思考		○								
構成力			○	○	○	○	○	○	○	○
記憶										
常識		○	○		○	○	○	○	○	○
位置・置換										
模写	○	○	○	○						
巧緻性					○	○	○	○	○	○
絵画・表現										
系列完成										
個別テスト										
話										
数量										
観察力			○	○	○					
言語	○	○	○	○	○	○	○	○	○	○
推理・思考										
構成力										
記憶										
常識	○	○	○	○	○	○	○	○	○	○
位置・置換										
巧緻性										
絵画・表現										
運動・ゲーム						○	○	○	○	○
制作										
行動観察										
生活習慣										
集団テスト										
話										
観察力										
言語										
常識										
巧緻性		○	○	○	○	○	○	○	○	○
絵画・表現										
制作										
行動観察										○
課題・自由遊び	○	○	○	○	○	○	○	○	○	○
運動・ゲーム	○	○	○	○	○	○	○	○	○	○
生活習慣										
運動テスト										
基礎運動										
指示行動										
模倣体操										
リズム運動										
ボール運動										
跳躍運動										
バランス運動										
連続運動										
面接										
親子面接										
保護者(両親)面接										
本人面接										

※伸芽会教育研究所調査データ

小学校受験Check Sheet

　お子さんの受験を控えて、何かと不安を抱える保護者も多いかと思います。受験対策はしっかりやっていても、すべてをクリアしているとは思えないのが実状ではないでしょうか。そこで、このチェックシートをご用意しました。1つずつチェックをしながら、受験に向かっていってください。

✳ ペーパーテスト編

①お子さんは長い時間座っていることができますか。

②お子さんは長い話を根気よく聞くことができますか。

③お子さんはスムーズにプリントをめくったり、印をつけたりできますか。

④お子さんは机の上を散らかさずに作業ができますか。

✳ 個別テスト編

①お子さんは長時間立っていることができますか。

②お子さんはハキハキと大きい声で話せますか。

③お子さんは初対面の大人と話せますか。

④お子さんは自信を持ってテキパキと作業ができますか。

✳ 絵画、制作編

①お子さんは絵を描くのが好きですか。

②お家にお子さんの絵を飾っていますか。

③お子さんははさみやセロハンテープなどを使いこなせますか。

④お子さんはお家で空き箱や牛乳パックなどで制作をしたことがありますか。

✳ 行動観察編

①お子さんは初めて会ったお友達と話せますか。

②お子さんは集団の中でほかの子とかかわって遊べますか。

③お子さんは何もおもちゃがない状況で遊べますか。

④お子さんは順番を守れますか。

✳ 運動テスト編

①お子さんは運動をするときに意欲的ですか。

②お子さんは長い距離を歩いたことがありますか。

③お子さんはリズム感がありますか。

④お子さんはボール遊びが好きですか。

✳ 面接対策・子ども編

①お子さんは、ある程度の時間、きちんと座っていられますか。

②お子さんは返事が素直にできますか。

③お子さんはお父さま、お母さまと3人で行動することに慣れていますか。

④お子さんは単語でなく、文で話せますか。

✳ 面接対策・保護者（両親）編

①最近、ご家族での楽しい思い出がありますか。

②ご両親の教育方針は一致していますか。

③お父さまは、お子さんのお家での生活や幼稚園・保育園での生活をどれくらいご存じですか。

④最近タイムリーな話題、または昨今の子どもを取り巻く環境についてご両親で話をしていますか。

2023 東京学芸大学附属世田谷小学校入試問題

■ 選抜方法

| 第一次 | 1日目に男子、2日目に女子の考査が行われる。約15人単位でペーパーテスト、集団テスト、個別テストを行い、男子87人、女子83人を選出する。所要時間は約40分。 |

| 第二次 | 第一次合格者による抽選を行い、男子53人、女子52人の105人を選出する。 |

┃ ペーパーテスト

筆記用具は赤のフェルトペンを使用し、訂正方法は×（バツ印）。出題方法は話の記憶のみ音声で、ほかは口頭。内容は男女やグループによって多少異なり、机の前に起立して行う。

1 話の記憶・数量

解答用紙の絵を見ながらお話を聞く。

「動物たちが遠足に出かけました。みんなでレジャーシートを広げた後、サル君は『池でオタマジャクシを見よう』と言いました。キツネ君は『虫捕りをしよう』と言いました。ウサギさんは『木の下の日陰で休もう』と言いました。クマさんは『汗でビショビショだからタオルでふこう』と言いました」

・太陽の段です。「木の下の日陰で休もう」と言ったのはどの動物ですか。○をつけましょう。

「ネズミ君は遠足に行くために、お母さんと一緒に準備をしました。お母さんは水筒を用意してくれて、ネズミ君は虫捕り網と虫カゴを用意しました」

・雲の段です。ネズミ君の持ち物でお母さんが用意してくれたものはどれですか。○をつけましょう。

「みんなは池でお魚を見ることにしました。池にはお魚が泳いでいましたが、葉っぱも虫のようにプカプカ浮いていました。それを見たネズミ君が『舟に似ているな』と言うと、サル君が『いや、お魚にも似ているよ』と言いました」

・傘の段です。サル君がお魚に似ていると言ったものはどれですか。○をつけましょう。

「動物たちはたくさん遊んでおなかがすいたので、お弁当を食べることにしました。ネズミ君は四角いお弁当箱に丸いおにぎりが2個とプチトマトが3個入ったお弁当を食べました」

・虹の段です。ネズミ君が食べたお弁当が正しく描いてある絵に○をつけましょう。

2 **点図形**

・上のお手本と同じになるように、アリの四角にかきましょう。（お手本は、実際は前方に掲示された）

集団テスト

🥢 課題遊び

用意されているたくさんのカプラをなるべく長く並べて、ドミノ倒しをして遊ぶ。

🥢 玉入れ

教室後方で行う。

・帽子の色（ピンク、水色、黄色）のグループごとに決められた色のラインに1列に並び、先頭の人から順にラインの横にあるカゴからボールを取って、前方のカゴに投げ入れる。まずは練習としてカゴに入るまで投げ続け、入ったら次の人に交代して列の後ろに並ぶ。入らなかったボールは、拾ってまた投げてよい。

・本番では、1人1球ずつ順番に投げていく。1球投げ終わったら次の人に交代して列の後ろに並ぶ。入らなかったボールは自分で拾い、それを持って列の後ろに並ぶ。テスターが「やめ」と言うまで、なるべくたくさん投げられるように素早く行う。

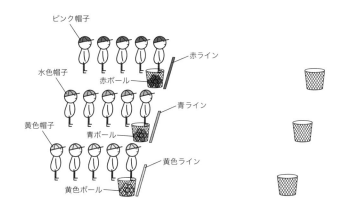

個別テスト ▍ 課題遊びの間に 1 人ずつ呼ばれ、テスターの机の前に移動する。

言 語

- ・お母さんの作るお料理で、一番好きなものは何ですか。
- ・お母さんとお部屋でする楽しいことは何ですか。

3 言語・常識（判断力）

絵を見ながら質問に答える。

A

- ・6 人のお友達がいます。その中に足にけがをしている子がいました。何をして遊ぶか相談していると、3 人がサッカーを、けがしている子とほかの 2 人は折り紙をして遊びたいと言っています。あなたならどうしますか。

B

- ・お友達と氷オニをする約束をしていましたが、一緒に行くはずのお友達から「僕はクレヨンを片づけてから行くから、先に行っていて」と言われました。あなたがこの男の子（女の子）だったらどうしますか。

C

- ・3 人でお絵描きをしていたら先生に「やめ」と言われたので、あなたは手を止めました。でも、手を止めない子が 1 人いました。あなたならどうしますか。

面接資料／アンケート ▍ 子どもの考査中に A 4 判の紙に書かれたアンケートに記入する。所要時間は説明を含め約20分。

※願書番号、受験児童氏名、記入者氏名、受験児童との関係を記入した後、問 1 ～ 3 の質問にはどれか 1 つに○をつけ、問 4 ～ 6 は記述する。

問 1．お子さんはどのように遊ぶタイプですか。

①独自の工夫をする
②1 人で没頭する
③数人の友達と行動をともにする
④大勢で行動する
⑤リーダー的な存在になる
⑥大人や年長者とかかわれる
⑦夢想していることがある

問2．小学校生活でどのように学んでほしいと思いますか。

　①全教科まんべんなく学力を養ってほしい

　②得意分野を伸ばしてほしい

　③好きなことを深めてほしい

　④学業は当然のこととして十分に遊んでほしい

　⑤子どもを最大限尊重してほしい

　⑥特になし。ありのままでよい

問3．お子さんのことで不安や悩みがあるときは、誰に相談しますか。

　①夫婦で話し合う

　②きょうだいや祖父母

　③幼稚園（保育園）の先生

　④家族や幼稚園（保育園）以外の専門家

　⑤友人

問4．受験者の幼稚園（保育園）、またはその他の施設での様子はいかがでしたか。

問5．小学生は6年間で目覚ましい発達があり、親が手を焼くこともしばしばです。ご家庭ではどのように支えていこうとお考えですか。

問6．小学校の教師に期待すること、求めること、身につけておいてほしいスキルはありますか。自由に書いてください。（必要な場合は裏も記入してよい）

2 【お手本】

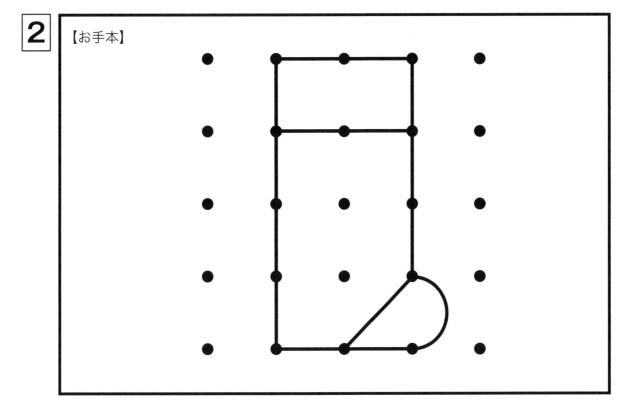

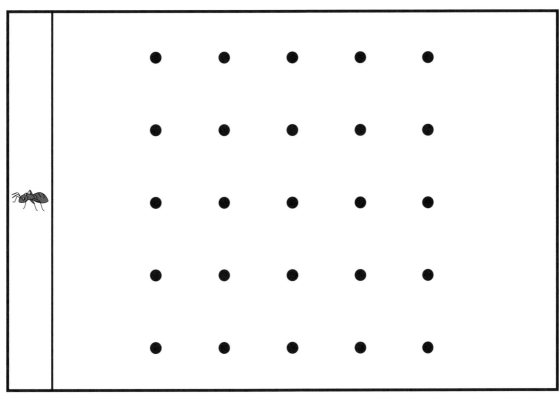

section
2022 東京学芸大学附属世田谷小学校入試問題

■ 選抜方法

| 第一次 | 1日目に男子、2日目に女子の考査が行われる。約15人単位でペーパーテスト、集団テスト、個別テストを行い、男子95人、女子102人を選出する。所要時間は40～50分。 |

| 第二次 | 第一次合格者による抽選を行い、男子53人、女子52人の105人を選出する。 |

■ ペーパーテスト

筆記用具は赤のフェルトペンを使用し、訂正方法は×（バツ印）。出題方法は話の記憶のみ音声、ほかは口頭で行う。内容は、男女やグループによって多少異なる。

1 話の記憶・常識（判断力）

解答用紙の絵を見ながらお話を聞く。

「動物たちがみんなで、どこで遊ぶか相談しています。ウサギさんは『遊園地に行ってジェットコースターに乗りたいな』と言いました。クマ君は『ブランコやすべり台がある公園で遊ぼう』と言いました。キツネさんは『図書館に行ってみんなで本を読もうよ』と言いました。サル君は『おいしいおやつがあるから、僕のお家で遊ぼうよ』と言いました」

・「公園で遊ぼう」と言ったのはどの動物ですか。○をつけましょう。

「公園に行くとネズミ君もいたので、一緒に遊ぶことにしました。ブランコに乗る順番を列に並んで待っていると、ネズミ君が『トイレに行ってくるから、僕の順番を取っておいて』と言ってトイレに行ってしまいました。ほかのお友達もたくさん後ろに並んでいき、しばらくすると列は長くなりました。そこにネズミ君が戻ってきました。ウサギさんは『ネズミ君の分も取っておいたから、わたしの前に並んでいいよ』と言いました。クマ君は『一番後ろに並んだ方がいいよ』と言いました。キツネさんは『ブランコが空くまですべり台をして待っていようよ』と言いました。サル君は『ほかの子にどいてと言って、入れてもらえばいいよ』と言いました」

・あなただったら、ネズミ君にどの動物と同じように声をかけますか。○をつけましょう。

「キツネさんは、春にこの公園の池でオタマジャクシを見たことを思い出しました。冬の

今は何がいるか気になり、池に見に行くことにしました。池をのぞくと池の水が鏡の代わりになり、自分が映ったのでびっくりしてしまいました」

・キツネさんが冬に池をのぞいたときに見えたものは何ですか。○をつけましょう。

2 話の記憶・数量

解答用紙の絵は見ないでお話を聞く。
「動物たちは、たくさん遊んでおなかがすいたので、おやつを食べることにしました。ネズミ君はみんなが取った後に残った、四角いお皿の上にあるクッキー4枚とアメ3個を食べることにしました」

・ネズミ君が食べたおやつの様子が正しく描いてある絵に○をつけましょう。

3 推理・思考（進み方）

・マス目にジャンケンの手が並んでいますね。ウサギさんのところから上に進み、ジャンケンに勝つ手のマス目に進んでいきます。ウサギさんの上の手はグーですから、初めにグーに勝つ手の方に進んだら、次はその手に勝つ手のマス目に進みます。やり方はわかりましたか。では、このお約束で進んでいったとき、ウサギさんは左端の列のどのマス目にたどり着きますか。そのマス目に○をつけましょう。ただし、斜めに進んだり、同じところを2回通ったりすることはできません。進むマス目は、指でなぞっても、線を引いてもかまいません。

4 点図形

・左のお手本と同じになるように、右にかきましょう。（お手本は、実際は前方に掲示された）

▌ 集団テスト

巧緻性

立ったまま机の上で行う。水色の紙（A4判）とクリアフォルダ（B6判）が各自に用意される。テスターが水色の紙を四つ折りにしてクリアフォルダに入れてから、縦向きにして机の上に置く様子を見た後、同じように行う。クリアフォルダからはみ出さないように入れるよう指示がある。

課題遊び

10～15人で行う。カプラを使ってドミノ倒しをして遊ぶ。

玉入れ

教室後方で行う。考査日時やグループによって課題が異なる。

・玉を１人２つずつ持って、２つとも投げてネットに入れましょう。２つ入ったら、言われた列に並んでください。

・四角い枠から出ないようにして、玉を投げてネットに入れましょう。「やめ」と言われるまでどんどん投げてください。

個別テスト | 課題遊びの間に１人ずつ呼ばれ、テスターの机の前に移動する。

言　語

・あなたが熱を出したとき、お母さんはどうしますか。

・おもちゃ屋さんでおもちゃを触っていたら、落として壊してしまいました。そのとき、お父さんやお母さんに何と言いますか。

5 常識（想像力）・言語

絵を見ながら質問に答える。

・この絵の中で気になることはありますか。どうしてそれが気になるのですか。

面接資料／アンケート | 子どもの考査中にＡ４判の紙に書かれたアンケートに記入する。所要時間は説明を含め約20分。

※願書番号、受験児童氏名、記入者氏名、受験児童との関係を記入した後、問１～３の質問にはどれか１つに○をつけ、問４～６は記述する。

問１．お子さんはどのように遊ぶタイプですか。

①独自の工夫をする

②１人で没頭する

③数人の友達と行動をともにする

④大勢で行動する

⑤リーダー的な存在になる

⑥大人や年長者とかかわれる

⑦夢想していることがある

問２．小学校生活でどのように学んでほしいと思いますか。

①全教科まんべんなく学力を養ってほしい

②得意分野を伸ばしてほしい

③好きなことを深めてほしい

④学業は当然のこととして十分に遊んでほしい

⑤子どもを最大限尊重してほしい

⑥特になし。ありのままでよい

問3．お子さんのことで不安や悩みがあるときは、誰に相談しますか。

①夫婦で話し合う

②きょうだいや祖父母

③幼稚園（保育園）の先生

④家族や幼稚園（保育園）以外の専門家

⑤友人

問4．受験者の幼稚園（保育園）、またはその他の施設での様子はいかがでしたか。

問5．小学生は6年間で目覚ましい発達があり、親が手を焼くこともしばしばです。ご家庭ではどのように支えていこうとお考えですか。

問6．小学校の教師に期待すること、求めること、身につけておいてほしいスキルはありますか。自由に書いてください。（必要な場合は裏にも記入してよい）

1

2

3

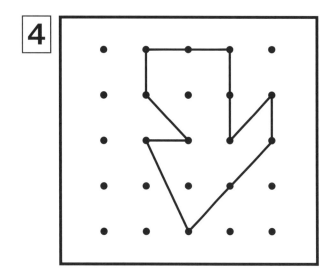

4

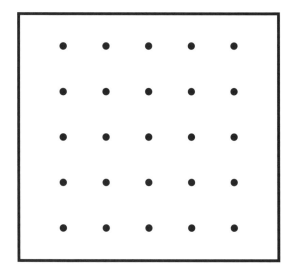

5

2021 東京学芸大学附属世田谷小学校入試問題

■ 選抜方法

| 第一次 | 1日目に男子、2日目に女子の考査が行われる。約15人単位でペーパーテスト、集団テスト、個別テストを行い、男子110人、女子101人を選出する。所要時間は約40分。 |

| 第二次 | 第一次合格者による抽選を行い、男子53人、女子52人の105人を選出する。 |

ペーパーテスト

筆記用具は赤のフェルトペンを使用し、訂正方法は×（バツ印）。出題方法は話の記憶のみ音声、ほかは口頭で行う。内容は、男女やグループによって多少異なる。

1 話の記憶・常識

「動物たちがみんなでピクニックに行きました。クマ君は『広い場所だね。オニごっこができそう』と言いました。ウサギさんは『草がいっぱい生えているね』と言いました。リスさんは『黄色いお花がいっぱい咲いていてきれいだね』と言いました。キツネ君は『みんなでかけっこしよう』と言いました」

・「草がいっぱい生えているね」と言ったのはどの動物ですか。○をつけましょう。

「お空を見上げたクマ君が言いました。『わあ、わたあめみたいだね』」

・クマ君がお空を見上げたときに、何が見えたと思いますか。○をつけましょう。

「森の中では、こんな鳴き声が聞こえてきました」
（男子はセミの鳴き声、女子はスズメの鳴き声が流れてくる）

・今聞こえてきたのは何の声ですか。○をつけましょう。

2 話の記憶・数量

「動物たちは、たくさん遊んでおなかがすいたので、おやつを食べることにしました。黄色いお花がたくさん咲く野原で、みんなでお話をしながら、持って来たお菓子を食べました。食べ終わると、丸いお皿の上にはクッキー4枚とアメ2個が残っていました」

・残ったおやつの様子が正しく描いてある絵に○をつけましょう。

3 模 写

男女ともお手本は同じで、示し方が異なる。

（男子）
・左のお手本と同じになるように、右にかきましょう。まず、黒丸からグルッと丸をかくところから始めましょう。

（女子）
・前にあるお手本と同じになるように、プリントにかきましょう。まず、黒丸からグルッと丸をかくところから始めましょう。

4 構 成

（机の上に表がオレンジ色、裏が紫の直角二等辺三角形のカードが1人5枚ずつ用意されている）
・お手本（カードの表と裏2枚ずつで作ってある）と同じになるように、三角のカードをプリントの下の四角い枠の中に置きましょう。

集団テスト

📔 模倣体操

教室後方のマットの周りにコの字形に並び、テスターのお手本を見て、一連の動きをリズムに合わせて同じように行う。
・1・2で両腕を肩の横まで上げて曲げる→3・4で両腕を上に伸ばす→5・6で両腕を肩の横まで下ろして曲げる→7・8で両腕を上に伸ばす。
・1・2で1回軽くジャンプをしながら気をつけをする→3・4で1回軽くジャンプをしながら両手足を大きく横に広げる→5で軽くジャンプをしながら気をつけをする→6で軽くジャンプをしながら両手足を大きく横に広げる→7・8は5・6と同じ動きをくり返す。

🔲 巧緻性

模倣体操で立っていたところに座る。マットの上に白い画用紙（Ｂ４判）が置かれ、その上に水色の紙（Ａ４判）とクリアフォルダ（Ｂ６判）を載せたものが各自に用意される。テスターが水色の紙を四つ折りにしてクリアフォルダに入れてから、白い画用紙の上に置く様子を見た後、同じように行う。クリアフォルダからはみ出さないように入れるよう指示がある。

🔲 課題遊び

10～15人で行う。靴を脱いでマットに上がり、箱に入っているカプラを使って町を作って遊ぶ。

▌ 個別テスト ▌ 課題遊びの間に１人ずつ呼ばれ、テスターの机の前に移動する。

🔲 観察力

黒丸が縦横３列ずつかかれた紙が用意されている。テスターが黒丸の上を指でなぞる。
・先生がやったのと同じように、点を指でなぞってください。

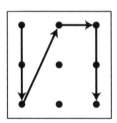

🔲 言　語

・好きな食べ物は何ですか。
・それをどこで食べることが多いですか。
・とっておいたおやつを、お家の人が食べてしまいました。あなたは何と言いますか。

⑤ 常識（想像力）・言語

絵を見ながら質問に答える。
・砂場でお山を作っている子の背中に、後ろで遊んでいた子のスコップの砂がかかってしまいました。砂をかけられてしまったお友達は、どんな気持ちだと思いますか。
・砂をかけてしまった子は、どんな気持ちだと思いますか。
・（山のそばにいる驚いた様子の子を示しながら）この子はどんな気持ちだと思いますか。
・あなたは、自分では知らないうちに誰かに迷惑をかけてしまったことがありますか。それは、どんなことですか。

面接資料／アンケート 子どもの考査中にＡ４判の紙に書かれたアンケートに記入する。所要時間は説明を含め約20分。

※願書番号、受験児童氏名、記入者氏名、受験児童との関係を記入した後、問１〜３の質問にはどれか１つに○をつけ、問４〜６は記述する。

問１．お子さんはどのように遊ぶタイプですか。

①独自の工夫をする

②１人で没頭する

③数人の友達と行動をともにする

④大勢で行動する

⑤リーダー的な存在になる

⑥大人や年長者とかかわれる

⑦夢想していることがある

問２．お子さんのことで不安や悩みがあるときは、誰に相談しますか。

①夫婦で話し合う

②きょうだいや祖父母

③幼稚園（保育園）の先生

④家族や幼稚園（保育園）以外の専門家

⑤友人

問３．小学校生活でどのように学んでほしいと思いますか。

①全教科まんべんなく学力を養ってほしい

②得意分野を伸ばしてほしい

③好きなことを深めてほしい

④十分に遊んでほしい

⑤誰とでもやりあえるような闊達さを養ってほしい

⑥子ども自身がやりたいようにやってほしい

問４．受験者の幼稚園（保育園）、またはその他の施設での様子はいかがでしょうか。

問５．小学生は６年間で目覚ましい発達があり、親が手を焼くこともしばしばです。ご家庭ではどのように支えていこうとお考えですか。

問６．小学校の教師に期待すること、求めること、身につけておいてほしいスキルはありますか。自由に書いてください。

1

2

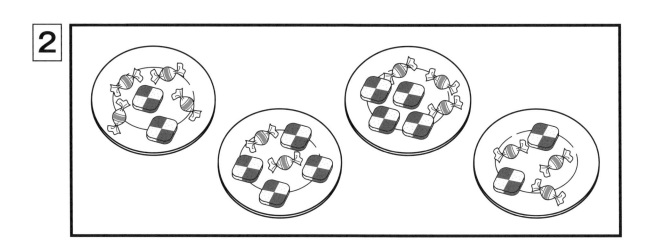

3

4 【お手本】

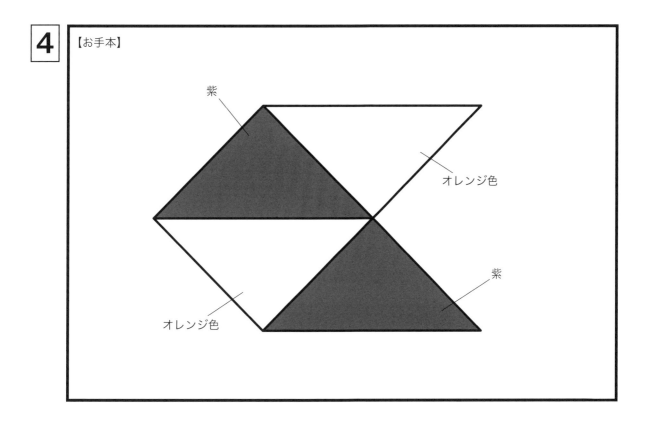

5

section
2020 東京学芸大学附属世田谷小学校入試問題

■ 選抜方法

| 第一次 | 1日目に男子、2日目に女子の考査が行われる。約15人単位でペーパーテスト、集団テスト、個別テストを行い、男子99人、女子102人を選出する。所要時間は約1時間。 |

| 第二次 | 第一次合格者による抽選を行い、男子53人、女子52人の105人を選出する。 |

■ ペーパーテスト ┃ 筆記用具は赤のフェルトペンを使用し、訂正方法は×(バツ印)。出題方法は口頭、一部音声を使用。内容は、男女やグループによって多少異なる。

1 話の記憶

「クマ君とキツネさん、リスさん、ウサギ君は、真夏の暑い日に海へ遊びに行きました。大きな海を目の前にして水辺ではしゃぎながら、ウサギ君が『太陽の光がいっぱいでまぶしいなあ』と言うと、キツネさんは水をパシャパシャ浴びながら『塩辛い!』とさけびました。リスさんは波からピョンと跳ねた魚を見つけ、クマ君も遠くにある大きな船を見て『かっこいいなあ』と大喜びです。4匹が砂浜で大きなお城を作ると、カニがノソノソ歩いてお城の中に入っていきます。『そろそろ水に入って泳ごうよ』と言って、4匹はそれぞれ支度を始めました。ウサギ君が『僕は泳ぎが得意じゃないからこれを使うよ』と言うと、キツネさんがその様子を見て『ドーナツみたい』と言って、みんなで大笑いしました」

- リンゴの段です。動物たちが出かけた場所を選んで、○をつけましょう。
- ミカンの段です。砂浜で見かけたものを選んで、○をつけましょう。
- ブドウの段です。ウサギ君が持ってきて、キツネさんが「ドーナツみたい」と言ったものは何だと思いますか。選んで○をつけましょう。
- 魚の段です。海で「太陽がまぶしい」と言った動物を選んで、○をつけましょう。

2 話の記憶・数量

「動物たちは、たくさん遊んでおなかがすいたのでおやつを食べることにしました。ビーチパラソルの下でみんなでお話をしながら、持ってきた果物を食べました。食べ終わると、丸いお皿の上には輪切りにしたパイナップルが2つとスイカが3切れ残っていました」

- 残ったおやつの様子が正しく描いてある絵に○をつけましょう。

3 模写・巧緻性

・左のお手本と同じになるように、右にかきましょう。まず、黒丸のところからグルッと外側の線を引きましょう。その後、丸の中の形をかきましょう。

4 構　成

（机の上に、表がオレンジ色、裏が紫の直角二等辺三角形のカードが1人5枚ずつ用意されている）

・お手本（カードの表と裏2枚ずつで作ってある）と同じになるように、三角のカードをプリントの下の四角い枠の中に置きましょう。

集団テスト

■ 模倣体操

教室後方のマットの周りにコの字形に並び、テスターのお手本を見て、一連の動きをリズムに合わせて同じように行う。

・両手を上に挙げ、グーパーを2回くり返す→左右の足で1回ずつ交互にケンケンをする→左右の足で2回ずつ交互にケンケンをする。

■ 巧緻性

模倣体操で立っていたところに座る。マットの上に白い画用紙（B4判）が置かれ、その上に水色の紙（A4判）とクリアフォルダ（B6判）を載せたものが各自に用意される。テスターが水色の紙を四つ折りにしてクリアフォルダに入れてから、白い画用紙の上に置く様子を見た後、同じように行う。クリアフォルダからはみ出さないように入れるよう指示がある。

■ 課題遊び

帽子の色が同じ5、6人のグループで行う。靴を脱いでマットに上がり、グループごとに箱に入っているカプラを使ってお家を作って遊ぶ。

個別テスト　　課題遊びの間に1人ずつ呼ばれ、テスターの机の前に移動する。

■ 観察力

黒丸が縦横3列ずつ並んでかかれた紙が用意されている。テスターがその紙の黒丸の上を、

アルファベットのZやNをかくように指でなぞる。

・先生がやったのと同じように点を指でなぞってください。（2パターンほど行う）

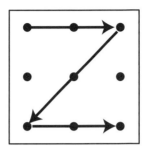

言　語

・朝ごはんの前に、どんなことをしますか。

5 常識（想像力）・言語

・（Ａの絵を見せられる）この絵の中のお母さんは、何と言っていると思いますか。

・（Ｂの絵を見せられる）幼稚園や保育園で、あなたが積み木で大きなお城を作ったら「すごいね」と先生に言われました。そのときあなたはどんな顔になりますか。

・（Ｂの絵の怒った顔を示して）では、こんな顔になることはありませんか。

面接資料／アンケート

子どもの考査中にＡ4判の紙に書かれたアンケートに記入する。所要時間は説明を含め約20分。

※願書番号、受験児童氏名、記入者氏名、受験児童との関係を記入した後、以下の質問に対してどれか1つに○をつける（問7のみ記述式）。

問1．ご両親はお子さんの遊びにつき合いますか。

　①いつも一緒に遊ぶ

　②ときどき一緒に遊び、話はよく聞く

　③仕事や家事の都合による

　④もう少し遊びたいと思っている

　⑤子どもが自立して遊んでいる

　⑥専門家に任せて活動させている

問2．小学校生活でどのように学んでほしいと思いますか。

　①まんべんなく学習してほしい

　②得意分野を伸ばしてほしい

　③好きなことを深めてほしい

　④十分遊んでほしい

　⑤誰とでもやりあえるような闊達さを養ってほしい

⑥子ども自身がやりたいようにやってほしい

問３．お子さんはどのように遊ぶタイプですか。

　①独自の工夫をする

　②１人で没頭する

　③数人の友達と行動をともにする

　④大勢で行動する

　⑤リーダー的な存在になる

　⑥大人や年長者とかかわれる

　⑦夢想していることがある

問４．健康や発達状態をのぞいて、ほかに心配事はありますか。

　①いつも親としては心配している

　②少し気になることはある

　③稀にふと気づいて気になることはある

　④あまり心配なことはない

　⑤あるがままでよいと思っている

問５．お子さんのことで不安や不満があったとき、誰に相談しますか。

　①自分自身で考える

　②夫婦で話し合う

　③きょうだいや祖父母

　④保育園・幼稚園の先生

　⑤幼稚園以外の専門の先生

　⑥友人

問６．子どもはうそを言うこともありますが、そのときはどうしますか。

　①うそを言わないように指導する

　②うそはよい結果を生まないことを理解させる

　③事実でない可能性を踏まえて聞く

　④わが子の言葉は、まず信じる

　⑤うそでありそうなことは参考にしない

問７．小学校の教師に対して、こうであってほしいという気持ちや意見、期待するスキル、
　　　避けてほしいことなどを自由にお書きください。

1

2

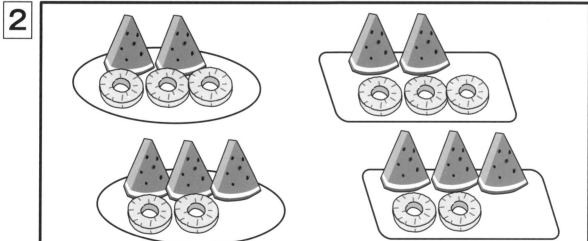

3

4 【お手本】

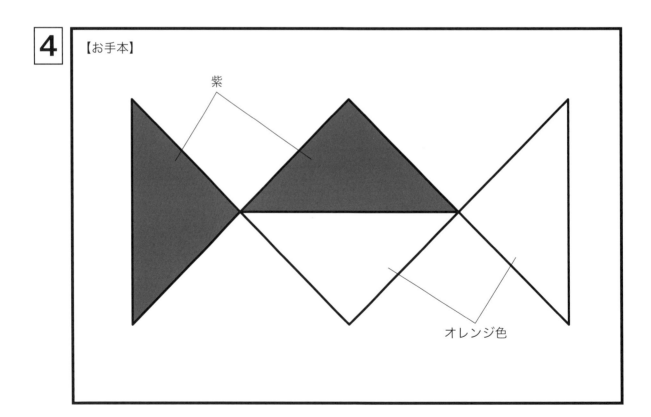

紫

オレンジ色

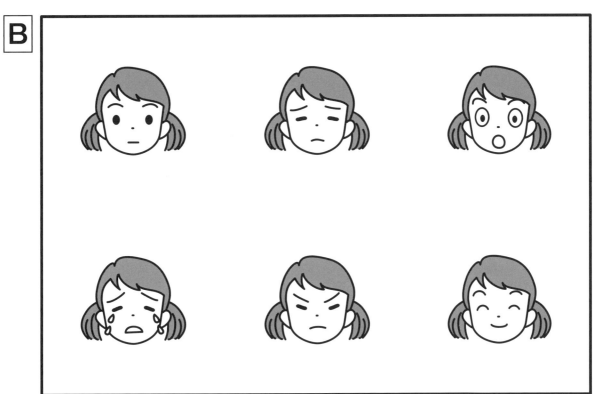

■ **選抜方法**

| 第一次 | 1日目に男子、2日目に女子の考査が行われる。約15人単位でペーパーテスト、集団テスト、個別テストを行い、男子98人、女子108人を選出する。所要時間は約1時間。 |

| 第二次 | 第一次合格者による抽選を行い、男子52人、女子53人の105人を選出する。 |

ペーパーテスト | 筆記用具は赤のフェルトペンを使用し、訂正方法は×（バツ印）。出題方法は口頭、一部音声を使用。内容は男女やグループによって多少異なる。

1 話の記憶・常識（判断力）

「幼稚園に行く途中でお友達に会ったときにどうすればいいのか、動物たちが話し合っています。クマ君は『幼稚園に行くときにお友達に会ったら、お部屋に入る前に園庭で遊ぶよ』と言いました。ウサギさんは『いったんお部屋の中に入ってから遊んだ方がいいよ』と言いました。リスさんは『いっぱい遊んでおなかがすいた方がお昼ごはんをたくさん食べられるから、幼稚園の始まる時間に間に合わなくてもいいんだよ』と言いました。キツネ君は『幼稚園の始まる時間に間に合えば、お友達と会ったその場所で遊んでもいいんだ』と言いました」

・リンゴの段です。あなただったらどの動物と同じように思いますか。○をつけましょう。

「動物たちが公園に出かけると、途中に横断歩道がありました。クマ君は『横断歩道が遠いところにあるときは、そのまま道路を渡った方がいいよ』と言いました。ウサギさんは『早く公園に行きたいから、横断歩道を渡らずに走って道路を渡ればいいよ』と言いました。リスさんは『車が来なければ、横断歩道を渡らずに道路を渡ってもいいんだよ』と言いました。キツネ君は『遠くても、横断歩道を渡った方がいいよ』と言いました」

・ミカンの段です。正しいことを言っている動物を選んで○をつけましょう。

「公園で遊んでいると急に雨が降ってきたので、動物たちは森の中で雨がやむのを待っていました。しばらくすると雨がやんだので、リスさんが『雨がやんでよかったね』と言いました。ウサギさんが空を見上げて、『きれいな橋が架かっているね』と言いました」

・ブドウの段です。ウサギさんが見つけたものに○をつけましょう。

・魚の段です。「雨がやんでよかったね」と言った動物に○をつけましょう。

「雨がやんでしばらくすると、こんな声が聞こえてきました」
（セミの鳴き声が流れてくる）

・傘の段です。今聞こえてきたのは何の声ですか。○をつけましょう。

2 話の記憶・数量

「動物たちがお弁当を持ってきて、一緒に食べました。キツネ君の四角いお弁当箱には、おにぎりが3個とイチゴが4個入っていました」

・キツネ君のお弁当を選んで○をつけましょう。

3 巧緻性

・2本の線にぶつからないように、黒丸から始めてグルッと線を引きましょう。右回りでも左回りでも構いません。

4 構 成

（机の上に表と裏の色が異なる三角のカードが1人5枚ずつ用意されている）
・お手本（カードの表と裏2枚ずつで作ってある）と同じになるように、三角のカードをプリントの下の四角い枠の中に置きましょう。

集団テスト

■ 模倣体操

教室後方のマットの周りにコの字形に並び、テスターのお手本を見て同じように行う。
・両手を前に伸ばし、手足同時にグーグーパーパーを4拍子のリズムで2回くり返す→右にケンケンで4回進み、左にケンケンで4回戻るをくり返す。

■ 巧緻性

模倣体操で立っていたところに座る。マットの上に、白い画用紙（B4判）が置かれ、その上に黄緑の画用紙（A4判）とクリアフォルダ（A6判）を載せたものが各自に用意される。テスターが黄緑の画用紙を四つ折りにしてクリアフォルダに入れる様子を見た後、同じように行う。クリアフォルダからはみ出さないように入れるよう指示がある。

🔲 課題遊び

帽子の色が同じ5、6人のグループで行う。靴を脱いでマットの上に上がり、グループごとに箱に入っているカプラを使って高いタワーを作って遊ぶ。

個別テスト

課題遊びの間に1人ずつ呼ばれ、テスターの机の前に移動する。

🔲 言　語

・今日、朝ごはん（お昼ごはん）を食べてきましたか。

・何を食べてきましたか。

5 観察力

白丸が縦横4列ずつ並んでいるB5判の黒い紙が用意されている。テスターがその紙の白丸の上を、ZやNをかくように指でなぞる。

・先生がやったのと同じようにまねをしてください。（2パターンほど行う）

6 常識（想像力）・言語

・（Aの絵を見せられる。耳をふさいでいる子を指でさして）この子はどんな気持ちだと思いますか。

・（Bの絵を見せられる）いけないことをしている人を指でさしてください。なぜいけないと思うのか、お話ししてください。

面接資料／アンケート

子どもの考査中にA4判の紙に書かれたアンケートに記入する。所要時間は説明を含め約20分。

※願書番号、受験児童氏名、記入者氏名、受験児童との関係を記入した後、以下の事柄について枠内のスペースに記入する。

・お子さんがこれまで通っていた幼稚園や保育園などで、よかったなとお思いになったことはございますか。もし通われていた場所がありましたらお書きください。

・小学校の期間、子どもたちの発達は目覚ましく、また多様です。大人の手を焼くことも多々あります。ご家庭ではお子さんをどのように支えたいと思いますか。

・少子高齢化社会で、現代の子どもたちは半数以上が100歳以上まで生きると言われています。子どもたちの育成のために学校や社会はどうあるべきでしょうか。

・小学校の先生に期待されること、こうあってほしいということがございますか。今のお気持ち、ご意見をお書きください。

3

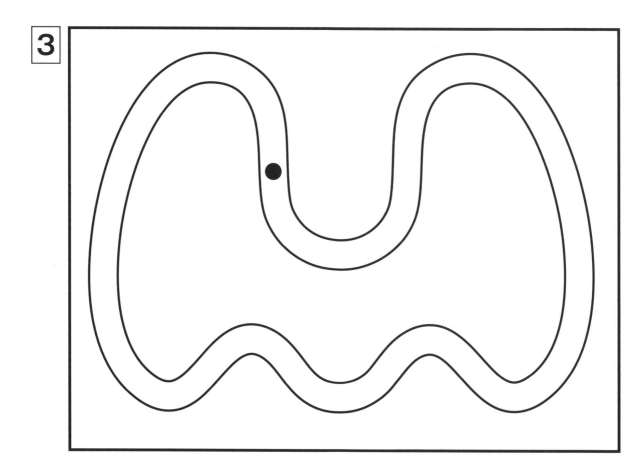

4 【お手本】

5

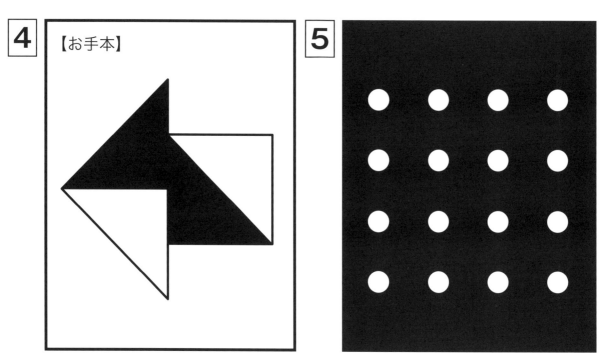

■ 選抜方法

| 第一次 | 1日目に男子、2日目に女子の考査が行われる。約15人単位でペーパーテスト、集団テスト、個別テストを行い、男子114人、女子95人を選出する。所要時間は約1時間。 |

| 第二次 | 第一次合格者による抽選を行い、男子53人、女子52人の105人を選出する。 |

┃ ペーパーテスト

筆記用具は赤のフェルトペンを使用し、訂正方法は×（バツ印）。出題方法は口頭、一部音声を使用。内容は男女やグループによって多少異なる。

1 話の記憶・常識（判断力）

「夏祭りに出かけた動物たちがキンギョすくいをしようとお店に行くと、長い行列ができていました。それを見て、キツネさんは『前にいる人たちの中に割り込ませてもらおうよ』と言いました。ウサギさんは『前にいる人たちに早くしてと言おうよ』と言いました。リスさんは『列の後ろに並ぼうよ』と言いました。クマさんは『早くやらせてとお店の人に言おうよ』と言いました」

・リンゴの段です。あなただったらどの動物と同じように思いますか。○をつけましょう。

「動物たちは木の下でひと休みすることにしました。するとこんな声が聞こえてきました」
（セミの鳴き声が流れてくる）

・ブドウの段です。今聞こえてきたのは何の声ですか。○をつけましょう。

「ウサギさんが、あるものを見て『お空に咲いたお花だ』と言いました」

・魚の段です。ウサギさんが見たと思うものに○をつけましょう。

「お祭りからお家に帰った動物たちが、お家で待っていたお母さんに楽しかったことをお話ししました。クマさんは『お面屋さんでかわいいお面を見つけたよ』とお話ししました。リスさんは『やぐらの周りで踊ったことが楽しかった』とお話ししました。ウサギさんは『食べたわたあめがおいしかった』とお話ししました。キツネさんは『おみこしがとてもかっこよかった』とお話ししました」

・傘の段です。「かわいいお面を見つけた」と言ったのはどの動物ですか。○をつけましょう。

2 話の記憶・数量

「次の日、ライオンさんがお弁当を持って山へピクニックに行きました。四角いお弁当箱におにぎりが4つとスイカが2つ入っていました」

・ライオンさんのお弁当はどれですか。○をつけましょう。

3 巧緻性

・2本の線にぶつからないように、黒丸から始めてグルッと線を引きましょう。右回りでも左回りでも構いません。

4 構 成

(机の上に表と裏の色が異なる三角のカードが1人5枚ずつ用意されている)
・お手本(カードの表と裏2枚ずつで作ってある)と同じになるように、三角のカードをプリントの下の四角い枠の中に置きましょう。

集団テスト

模倣体操

テスターのお手本を見て同じように行う。
・両手を前に伸ばしてグー、パー、グーを2回くり返す→手拍子をしながら左にケンケン4回、右にケンケン4回をする→両手を上に上げ、手首をひねってキラキラさせながら大きく円を描くように下に下ろす→しゃがんで小さくなった後、大きくジャンプして両手、両足を開く。

巧緻性

正座をして行う。白い画用紙(B4判)の上に黄色い画用紙(A4判)とクリアフォルダ(A6判)を載せたものが用意されている。テスターが黄色い画用紙を四つ折りにしてクリアフォルダに入れる様子を見た後、同じように行う。

課題遊び

帽子の色が同じ5人のグループで行う。靴を脱いで敷物の上に上がり、箱に入っているパターンブロックを使ってグループごとに高いタワーを作って遊ぶ。

個別テスト

課題遊びの間、1人ずつ呼ばれ、テスターの机の前に移動する。

■ 言　語

- ・朝ごはんは誰と食べましたか。
- ・今日は誰とどのようにして来ましたか。

■ 模倣体操

テスターが片手を机の上に出してグー、パー、チョキをするのを見て、同じように行う（手の順番を変えて3パターン程度行う）。

5 常識（想像力）・言語

絵を見ながら質問に答える。

- ・（Aの絵を見せられる）どうしてカップが割れてしまったのでしょうか。
- ・あなたが隣にいてその様子を見ていたら、何と声をかけますか。
- ・（BやCの絵を見せられる）いけないことをしている人を指でさしてください。なぜいけないと思うのですか。

面接資料／アンケート

子どもの考査中にA4判の紙に書かれたアンケートに記入する。所要時間は説明を含め約20分。

※願書番号、受験児童氏名、記入者氏名、受験児童との関係を記入した後、以下の事柄について枠内のスペースに記入する。

- ・お子さんのことを簡単にご紹介ください。
- ・子どもたちの発達は目覚ましいですが多様です。大人の期待通りにならないこともあると思いますが、そのような場合ご家庭ではどのように子どもを支えていこうと考えていますか。
- ・現代は長寿社会となり、人生100歳というのもまれなことではなくなってきました。このような子どもたちの長い人生のためにどのような教育が必要だと考えますか。
- ・本校の学校説明会についてお聞きします。以下、該当項目に○をつけてください。
  学校説明会の実施をご存じでしたか。
  （　）はい
  （　）いいえ
  ご存じだった方は、どのようにお知りになりましたか。
  （　）学校ホームページ
  （　）電話案内

（　）本校の在学生関係

（　）幼稚園・保育園から

（　）市販されている受験情報誌

（　）そのほか

学校説明会に出席されましたか。

（　）はい

（　）いいえ

・ご出席された方は、ご感想、ご意見をお聞かせください。

・本校受験に際してどのような準備をされましたか。差し支えない範囲でお書きください。

3

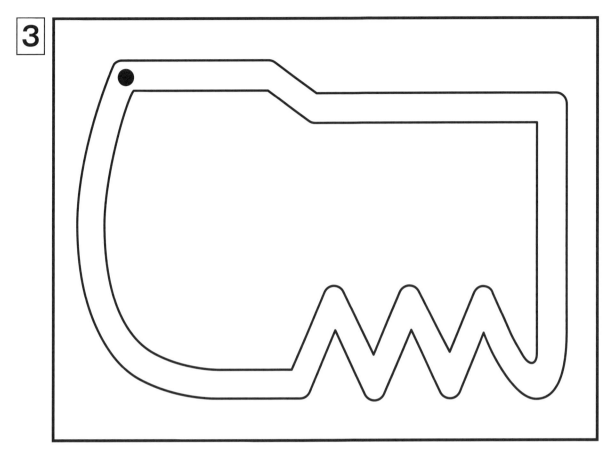

4 【お手本】

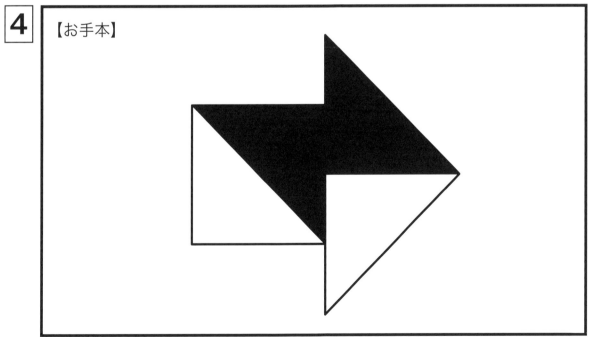

2017 東京学芸大学附属世田谷小学校入試問題

■ 選抜方法

第一次 1日目に男子、2日目に女子の考査が行われる。約15人単位でペーパーテスト、集団テスト、個別テストを行い、男子93名、女子93名を選出する。所要時間は約1時間。

第二次 第一次合格者による抽選を行い、男子53人、女子52人の105人を選出する。

■ ペーパーテスト

筆記用具は赤のフェルトペンを使用し、訂正方法は×（バツ印）。出題方法は口頭、一部テープを使用。内容は男女やグループによって多少異なる。

1 話の記憶・常識（判断力）

「今日はブタ君のお誕生日です。お友達のクマさん、リスさん、ウサギさん、キツネさんと一緒に、秋の公園に行きました。最初にキツネさんが『ブランコに乗ろうよ』と言いました。でも、ブランコはほかのお友達が乗っていて遊べません。クマさんが『仕方がないから違う遊びをしようよ』と言いました。リスさんは『どうしても乗りたいからお母さんに言ってもらうね』と言いました。するとウサギさんが『ブランコを空けるようどいてよって言うよ』と言いました。キツネさんは『次に代わってと言って、ブランコが空くまで待とうよ』と言いました」

・バナナの段です。最初に「ブランコに乗ろうよ」と言った動物に○をつけましょう。
・リンゴの段です。ブランコに乗ろうとしたときに正しいことを言っていた動物に○をつけましょう。

「公園からの帰りはバスに乗りました。クマさんは『運転手さん、早く帰りたいから早く行ってください』と言いました。リスさんは『早くおしゃべりの続きをしようよ』と言いました。ウサギさんは『お年寄りには席を譲ろうよ』と言いました。キツネさんは『しかられるから走りまわるのはやめよう』と言いました」

・ミカンの段です。正しいことを言っている動物に○をつけましょう。

2 常識

・カキを半分に切るとどのような様子ですか。正しい絵に○をつけましょう。

3 話の記憶・数量

「お母さんたちが迎えに来るまでタヌキさんのお家でおやつを食べながら待ちました。お皿にはクッキーが5枚とアメが2個のっていました」

・タヌキさんのお家で食べたおやつはどれですか。正しい絵に○をつけましょう。

4 巧緻性

・2本の線にぶつからないように、真ん中に線を引きましょう。

5 構　成

（机の上に表と裏の色が異なる三角のカードが1人5枚ずつ用意されている）
・お手本と同じになるように三角のカードを合わせましょう。プリントの上でやりましょう。

集団テスト

巧緻性

自分の番号の場所に正座する。前に白い画用紙（B4判）、その上に黒い画用紙（A4判）、その上にクリアフォルダを載せたものが用意されている。テスターが黒い画用紙を四つ折りにしてクリアフォルダに入れる様子を見た後、同じように行う。できたら白い画用紙の真ん中に置く。

模倣体操

手拍子を4回しながら右足ケンケン→5つ目の音で両足を開き、手は横に広げる→手拍子を4回しながら左足ケンケン→5つ目の音で両手を上に上げ、キラキラ（手首をひねる）させながら両腕で大きく円を描くようにして下へ下ろす。

課題遊び

帽子の色が同じ5人のグループで行う。靴を脱いで敷物の上に上がり、3つの箱に用意されているパターンブロックで遊ぶ。緑の三角と白いひし形のパターンブロックは使わないというお約束がある。
・協力して一緒に好きなものを作る。
・1人ずつできるだけ高いタワーを作る。
・「やめ」の合図で元通りに3つの箱に片づける。

個別テスト

課題遊びの間、1人ずつ呼ばれ、テスターの机の前に移動する。

模倣体操

テスターが片手を机の上に出してグー、チョキ、パーを2回するのを見て、同じように行う（1人につきグーパーチョキ、パーチョキグーなど2種類の課題を行う）。

言　語

・家族と一緒にすることで一番楽しいことは何ですか。

6 常識（想像力）・言語

花瓶を落として割ってしまった子の絵を見せられ、質問される。

・この（花瓶を割ってしまった）男の子はどうしたのでしょう。

・あなたがこのような様子を見たらどうしますか。

面接資料／アンケート

子どもの考査中にA4判の紙に書かれたアンケートに記入する。所要時間は約20分。

※願書番号、受験児童氏名、記入者氏名、受験児童との関係を記入した後、以下の事柄について枠内のスペースに記入する。

・お子さんのことを簡単にご紹介ください。

・将来、どのようなことに耐える力が必要だと思われますか。思いついた一例をお書きください。

・子どもにはどのような教育、指導が必要だとお考えですか。

・本校の学校説明会についてお聞きします。以下、該当項目に○をつけてください。

学校説明会の実施をご存じでしたか。

（　　）はい

（　　）いいえ

ご存じだった方は、どのようにお知りになりましたか。

（　　）学校ホームページ

（　　）電話案内

（　　）本校の在学生関係

（　　）幼稚園・保育園から

（　　）市販されている受験情報誌

（　　）そのほか

学校説明会に出席されましたか。

（　）はい

（　）いいえ

・ご出席された方は、ご感想、ご意見をお聞かせください。

・本校受験に際してどのような準備をされましたか。差し支えない範囲でお書きください。

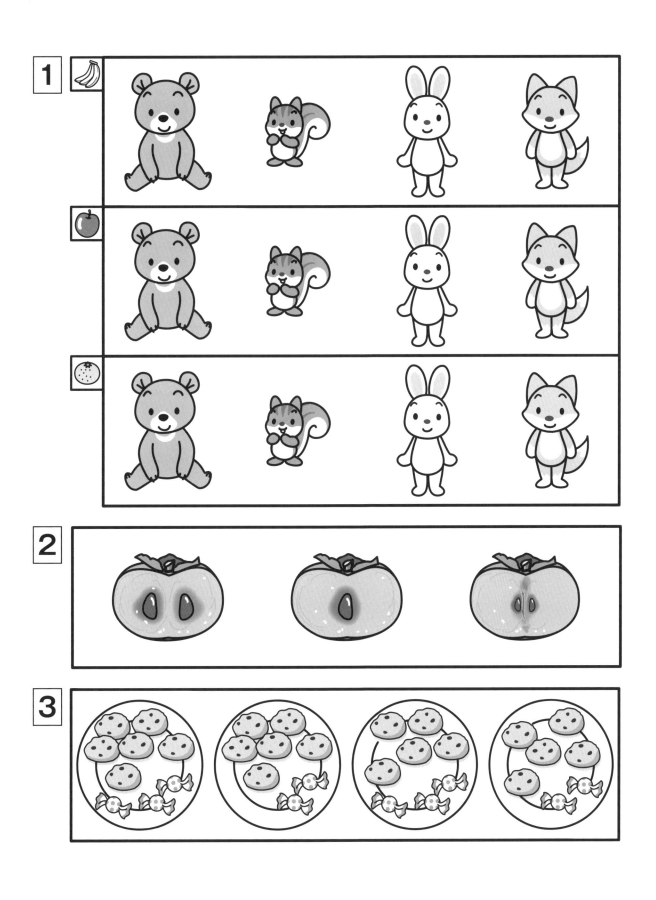

4

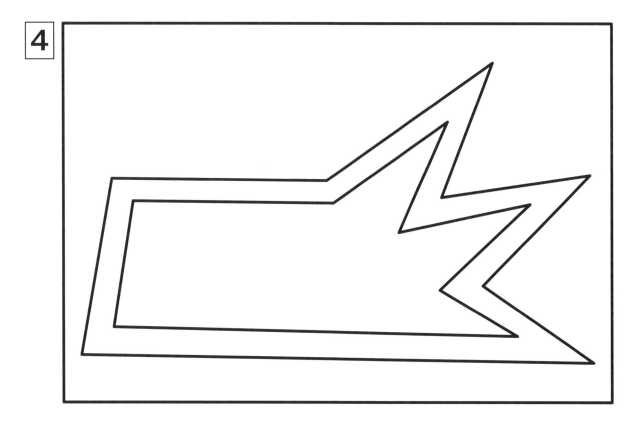

5 【お手本】

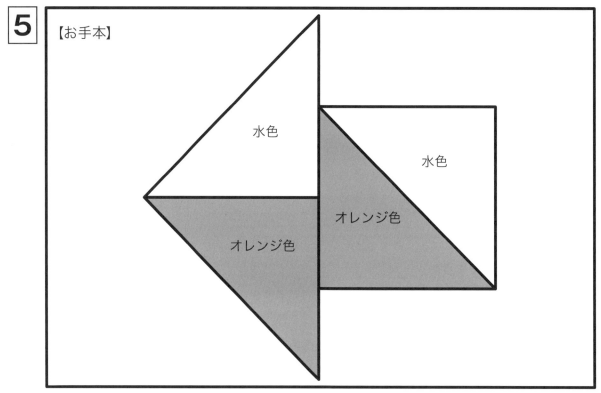

6

■ **選抜方法**

| 第一次 | 1日目に男子、2日目に女子の考査が行われる。約15人単位でペーパーテスト、集団テスト、個別テストを行い、男子91人、女子77人を選出する。所要時間は約1時間。 |

| 第二次 | 第一次合格者による抽選を行い、男子53人、女子52人の105人を選出する。 |

| **ペーパーテスト** | 筆記用具は赤のフェルトペンを使用し、訂正方法は×（バツ印）。出題方法は口頭、一部テープを使用。内容は男女やグループによって多少異なる。 |

1 話の記憶・常識（判断力）

「動物たちが秋の1日を使って森へピクニックに行くことになりました。そこで、ピクニックに持っていくためのおやつを買いに、リスさんとキツネ君とウサギさんとクマ君がスーパーマーケットに行きました。リスさんはキャンディーが欲しいと思い、お店の中をあちらこちら探し歩いています。キツネ君は『もし僕の好きなチョコレートがあったら、大きな声で教えてね』と、みんなに声をかけました。ウサギさんもみんなに『キャンディーを見つけたら教えてね。聞こえないかもしれないから、そのときはわたしを探して』とお願いしました。クマ君は『チョコレートのある場所がわかったら、僕をそこへ連れていってね』とみんなに頼みました」

・リンゴの段です。あなただったらお店の中でどの動物のようにしますか。○をつけましょう。
・ブドウの段です。動物たちと同じようにピクニックに出かけたとしたら、あなたならどのようなことをしたいと思いますか。○をつけましょう。
・ナシの段です。森を歩いていたら、上から秋のプレゼントが落ちてきました。それは何だと思いますか。○をつけましょう。

2 話の記憶・常識（判断力）

さっきのお話の続きです。

「森からの帰りはバスに乗りました。リスさんは『楽しかったピクニックのことをバスの中で楽しく話そう』と言いました。キツネ君は『お話よりジャンケン遊びをしよう』と言いました。ウサギさんは『周りの人に迷惑だから静かにしていよう』と言いました。クマ君は『運転手さんとお話ししたい』と言いました」

・クリの段です。正しいことを言っている動物に○をつけましょう。

「動物たちはお家に帰ってからお母さんに話しました。リスさんは『キツネ君が教えてくれたオニごっこが楽しかった』と話しました。キツネ君は『持っていったチョコレートがおいしかった』と話しました。ウサギさんは『疲れたけれど、頑張って歩いた』と話しました。クマ君は『みんなでカレーを作って食べたらおいしかった』と話しました」

・バナナの段です。お母さんが一番喜ぶのは誰のお話だと思いますか。○をつけましょう。

3 巧緻性

2本の線にぶつからないように、真ん中に線を引きましょう。

4 構　成

(机の上に表と裏の色が異なる三角のカードが1人5枚ずつ用意されている)
・お手本と同じになるように三角のカードを合わせましょう。プリントの上で作りましょう。

▌ 集団テスト ▌

◼ 巧緻性

自分の番号の場所に正座する。前に白い画用紙（B4判）、その上に黒い画用紙（A4判）、その上にクリアフォルダ（B6判）を載せたものが用意されている。テスターが黒い画用紙を四つ折りにしてクリアフォルダに入れる様子を見た後、同じように行う。

◼ 模倣体操

・手拍子を4回ずつ打ちながら、右足ケンケン→左足ケンケン→右足ケンケン→左足ケンケンをする。
・その場で、足でグー、チョキ、パー、グー、チョキ、パー、ジャンプを行う。
・ひざに両手を当て屈伸を6回行った後、直立して両手を前、横、前、下、前、横、前、下と動かし、最後に両手を上に上げ、キラキラ（手首をひねる）させながら、大きく輪を描くようにして下へおろす。

◼ 課題遊び

帽子の色が同じ3人のグループで行う。靴を脱いで敷物の上に上がり、3つの箱に用意されているパターンブロックを使って、できるだけ高いタワーを作る。「やめ」と言われたら、

元通り3つの箱に片づける。

個別テスト
課題遊びの間に1人ずつ呼ばれ、テスターの机の前に移動する。

言　語

・家族と一緒にすることで一番楽しいことは何ですか。

5 常識（判断力）・言語

植木鉢を落として割ってしまった子の絵を見せられ、質問される。
・あなたがもしこの子に声をかけるとしたら何と言いますか。

人がいない図書館の絵を見せられ、質問される。
・ここで気をつけた方がよいと思うことを話してください。

模倣体操

テスターが片手を机の上に出してグー、チョキ、パーを2回するのを見て、同じように行う。（1人につき2種類の課題を行う）

面接資料／アンケート
子どもの考査中にA4判の紙に書かれたアンケートを記入する。所要時間は約20分。

※願書番号、受験児童氏名、記入者氏名、受験児童との関係を記入した後、以下の事柄について枠内のスペースに記入する。
・お子さんのことを簡単にご紹介ください。
・子どもにはどのような教育、指導が必要だとお考えですか。
・現代の教育と子どもを取り巻く環境についての問題点はどのようなことだと思いますか。
・本校の学校説明会についてお聞きします。以下、該当項目に○をつけてください。
　学校説明会の実施をご存じでしたか。
　（　）はい
　（　）いいえ
　ご存じだった方は、どのようにお知りになりましたか。
　（　）学校ホームページ
　（　）電話案内
　（　）本校の在学生関係
　（　）幼稚園・保育園から
　（　）市販されている受験情報誌

（　）そのほか

学校説明会に出席されましたか。

（　）はい

（　）いいえ

・ご出席された方は、ご感想、ご意見をお聞かせください。

・本校受験に際してどのような準備をされましたか。差し支えない範囲でお書きください。

3

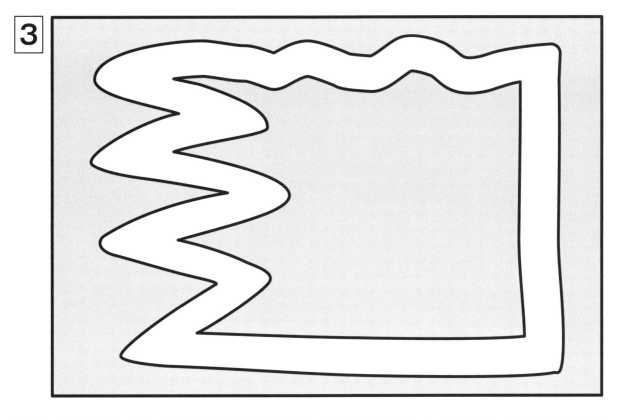

4 【お手本】

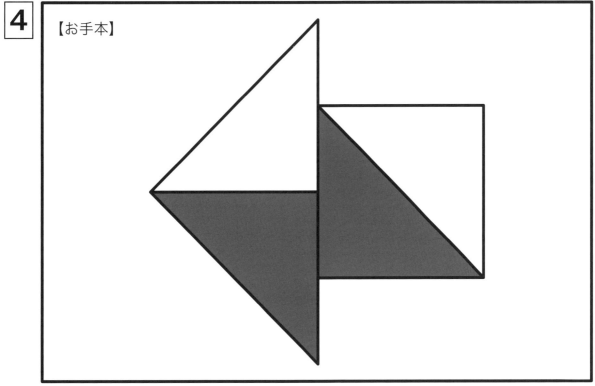

2016

5

2015 東京学芸大学附属世田谷小学校入試問題

■ 選抜方法

| 第一次 | 1日目に男子、2日目に女子の考査が行われる。約15人単位でペーパーテスト、集団テスト、個別テストを行い、男子89人、女子103人を選出する。所要時間は約45分。 |

| 第二次 | 第一次合格者による抽選を行い、男子53人、女子52人の105人を選出する。 |

■ ペーパーテスト ▌ 筆記用具は赤のフェルトペンを使用し、訂正方法は×（バツ印）。出題方法は口頭、一部テープを使用。内容は男女やグループによって多少異なる。

1 話の記憶・常識（判断力）

「ある日のことです。ウサギさんはお友達を誘って、タヌキさんのお家へ遊びに行きました。優しいタヌキのお母さんは、子どもたちのためにおいしいおやつを用意してくれました。ウサギさんが『せっかくだからいただこう。その後にみんなで積み木遊びをしようよ』と声をかけました。そして、クマさんとウサギさんはチョコレートを食べ、リスさんはドーナツ、キツネさんはクッキーをいただくことにしました」

・バナナの段です。ドーナツを食べた動物に○をつけましょう。
・ブドウの段です。チョコレートを食べた動物に○をつけましょう。
・イチゴの段です。積み木で遊ぼうと言った動物に○をつけましょう。

「みんなはおやつを食べた後、積み木で遊びました。リスさんは三角の積み木2個と、四角の積み木5個を使ってお家を作りました」

・ミカンの段です。リスさんが作ったお家に○をつけましょう。

「遊んだ後、みんなはバスに乗ってお家に帰ります。雨が降っていたので、さっきまでさしていた傘を閉じてバスに乗りました。クマさんが『傘が誰かにふれるとぬらしてしまうから、閉じた傘を巻いてボタンを留めようね』と言いました。ウサギさんは『誰にも席を渡したくないから早く座っちゃおう』と言いました。キツネさんは『バスの中でおやつを食べよう』と言いました。リスさんは『早くおしゃべりの続きをしよう』と言いました」

・リンゴの段です。正しいことを言っている動物に○をつけましょう。

「バスの中で先頭に座ったのはキツネさんです。そのすぐ後ろの席にクマさん、そしてウサギさん、一番後ろにはリスさんが座りましたが、クマさんとリスさんが席を交替しました。バスが走り出すと窓の外をたくさんの人たちが行きかい、まるで傘の花が咲いたようでした」

・モモの段です。バスの中で、前から2番目の席に座った動物に○をつけましょう。
・クリの段です。「傘の花が咲く」とはどんな様子のことですか。合う絵に○をつけましょう。

2 巧緻性

・線と線の間からはみ出さないように線を引きましょう。

3 構　成

（表と裏の色が異なる三角カード5枚が机の上のトレーに用意されている）
・お手本と同じになるように三角のカードを合わせましょう。プリントの上で作りましょう。

集団テスト

巧緻性

テスターが黒い画用紙（B5判）を四つ折りにして、クリアフォルダ（B6判）に入れる様子を見た後、同じように行う。

模倣体操

両手を前へ伸ばしグー、パー、グーを2回くり返した後、手をたたきながら右足でケンケン、左足でケンケンを4回ずつ行う。最後は両手をキラキラ（手首をひねる）させながら上から下に下ろす。

課題遊び

帽子の色が同じ4、5人のグループで行う。靴を脱いで敷物の上に上がり、できるだけ高くなるようにパターンブロックでタワー作りをする。「やめ」と言われたら片づけをする、というお約束がある。

個別テスト

課題遊びの間に1人ずつ呼ばれ、テスターの机の前に移動する。

🔊 言　語

- ・お名前を教えてください。
- ・誰とどうやってここまで来ましたか。
- ・今日は何を食べてきましたか。
- ・あなたがごはんの用意を手伝っていたら、ガラスのコップを割ってしまいました。お父さんやお母さんは何と言うと思いますか。

4 常識（判断力）・言語

転んでひざから血が出ている男の子の絵を見せられ、「外でオニごっこをして遊んでいたらお友達が転んでしまいました」というお話を聞く。

- ・あなたがその子に「だいじょうぶ？」と聞いたら、「だいじょうぶ」と答えました。その後、あなたならどうしますか。

バスの中の絵を見せられる。

- ・いけないことをしている人を指でさしてください。どうしていけないのかもお話ししてください。

🔊 言語（復唱）

- ・テスターが言った通りに、動物の名前４つを復唱する。
- ・テスターが言った通りに、４けたの数字を復唱する。

🔊 模倣体操

テスターが片手を机の上に出してチョキ、パー、グーをするのを見て、同じように行う。

面接資料／アンケート

子どもの考査中にＡ４判の紙に書かれたアンケートを記入する。所要時間は約20分。

※願書番号、受験児童氏名、記入者氏名、受験児童との関係を記入した後、以下の事柄について各５行ほどのスペースに記入する。

- ・お子さんを簡単にご紹介ください。
- ・お子さんにどのように育ってほしいと願っていますか。ご家庭のお考えをお書きください。
- ・本校の小学校教育に対してどのような期待をお持ちですか。
- ・本校の学校説明会についてお聞きします。以下、該当項目に○をつけてください。
  学校説明会の実施をご存じでしたか。
  （　）はい

（　）いいえ

ご存じだった方は、どのようにお知りになりましたか。

（　）学校ホームページ

（　）電話案内

（　）本校の在学生関係

（　）幼稚園・保育園から

（　）市販されている受験情報誌

（　）そのほか

学校説明会にご出席なさいましたか。

（　）はい

（　）いいえ

・ご出席なさった方は、ご感想、ご意見をお聞かせください。

・本校受験に際してどのような準備をされましたか。差し支えない範囲でお書きください。

1

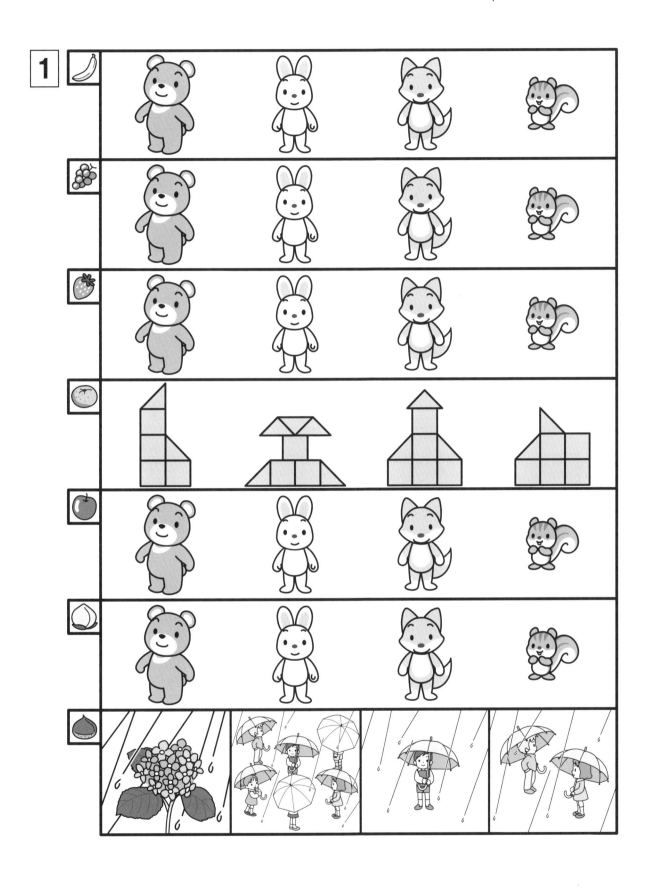

2

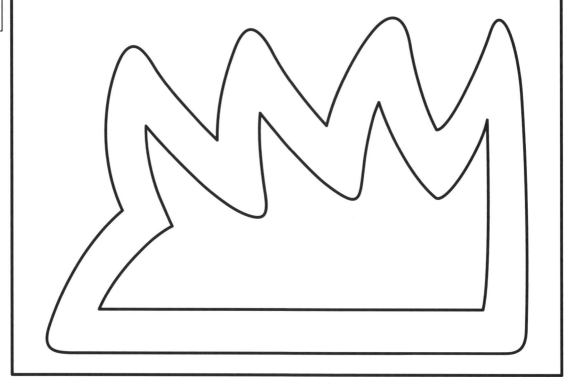

3 【お手本】

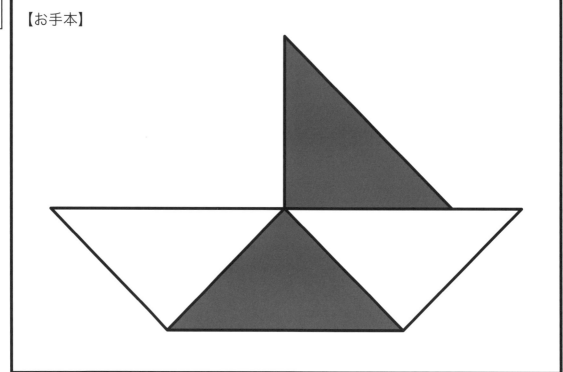

4

■ 選抜方法

| 第一次 | １日目に男子、２日目に女子の考査が行われる。約15人単位でペーパーテスト、集団テスト、個別テストを行い、男子124人、女子89人を選出する。所要時間は約45分。 |

| 第二次 | 第一次合格者による抽選を行い、男子53人、女子52人の105人を選出する。 |

┃ ペーパーテスト

筆記用具は赤のフェルトペンを使用し、訂正方法は×（バツ印）。出題方法は口頭だが、一部テープを使用する。

1 話の記憶・常識（判断力）

「ある晴れた秋の日のことです。動物たちが集まってどこに行こうか相談をしています。ウサギさんが『水族館に行ってお魚を見よう』と言いました。リスさんは『そうだね、きっと楽しいよ』と言いました。するとクマさんが『公園に行ってブランコに乗ろうよ。空まで届きそうで楽しいよ』と言いました。キツネさんは『図書館に行って絵本を読もうよ』と言いました」

・バナナの段です。水族館に行こうと言ったのはどの動物ですか。○をつけましょう。
・ブドウの段です。図書館に行って絵本を読もうと言ったのはどの動物ですか。○をつけましょう。

「そこで動物たちは図書館に行くことに決めました。図書館に着いた動物たちがお話を始めました。ウサギさんが『楽しい本を見つけたら大きな声でわたしを呼んでね』と言いました。リスさんは『絵本を読むときは大きな声を出して元気に読もう』と言いました。クマさんは『おなかがすいたからクッキーを食べながら本を読もう』と言いました。キツネさんは『図書館ではみんな静かに座って読むんだよ』と言いました」

・リンゴの段です。クッキーを食べながら本を読もうと言ったのはどの動物ですか。○をつけましょう。
・イチゴの段です。図書館での過ごし方で正しいことを言ったのはどの動物ですか。○をつけましょう。

「図書館で本を読み終わった動物たちはキツネさんのお家へ遊びに行きました。歩いてい

る途中、ダンゴムシをいっぱい見つけました」

・傘の段です。ダンゴムシはどこにいるでしょう。その場所に○をつけましょう。

「動物たちがお家に着くと、キツネさんのお母さんがお昼ごはんを出してくれました。丸いお弁当箱におにぎりが3個とから揚げが5個入っていました」

・ワニの段です。キツネさんのお母さんが出してくれたお弁当に○をつけましょう。

2 巧緻性

・アリの絵の下です。線と線の間からはみ出さないように線を引きましょう。

3 構　成

(表と裏の色が異なる三角カードが5枚ずつ机の上に用意されている)
・カニの絵の下です。お手本と同じになるように三角のカードを合わせましょう。プリントの上で作りましょう。

集団テスト

■ 巧緻性

テスターが黒い画用紙（B5判）を四つ折りにして、クリアフォルダ（B6判）に入れる様子を見た後、同じように行う。

■ 行動観察

在校生が読んでくれる紙芝居をいすに座って聴く。

■ 模倣体操

両手を前へ伸ばしグー、パー、グーを2回くり返し、手をたたきながら右足でケンケン、左足でケンケンをする。次に両足をそろえてしゃがんで小さくなった後、ジャンプして両手両足を大の字に大きく広げる。

■ 課題遊び

帽子の色が同じ4、5人のグループで行う。靴を脱いで敷物の上に上がり、できるだけ高くなるようにパターンブロックを積む。

個別テスト ┃ 課題遊びの間に１人ずつ呼ばれ、テスターの机の前に移動する。

言 語

・朝ごはん（昼ごはん）は何を食べましたか。

・好きな食べ物は何ですか。

・誰とどうやってここまで来ましたか。

・乗り物で来るとき危なくないように何か工夫をしましたか。

・お家の人にほめられるのはどんなときですか。

・幼稚園（保育園）で仲よしのお友達は誰ですか。

・そのお友達のよいところはどんなところですか。

4 常識（想像力）・言語

外で子どもたちが楽しそうに遊んでいる中、１人だけ室内で座っている子どもの絵を見せられ、質問される。

・この（１人室内にいる）男の子はどうしたのでしょう。

・あなたは、先生からその子の様子を見てきてと言われました。何と言って声をかけますか。

模倣体操

テスターが片手を机の上に出してチョキ、パー、グーとするのを見て同じように行う。

面接資料／アンケート ┃ 子どもの考査中にＡ４判の紙に書かれたアンケートを記入する。所要時間は約20分。

※願書番号、受験児童氏名、記入者氏名、受験児童との関係を記入した後、以下の事柄について各５行ほどのスペースに記入する。

・お子さんを簡単にご紹介ください。

・お子さんにどのように育ってほしいと願っていますか。ご家庭のお考えをお書きください。

・本校の小学校教育に対してどのような期待をお持ちですか。

・本校の学校説明会についてお聞きします。以下、該当項目に○をつけてください。

　学校説明会の実施をご存じでしたか。

　（　）はい

　（　）いいえ

　ご存じだった方は、どのようにお知りになりましたか。

（　）学校ホームページ

（　）電話案内

（　）本校の在学生関係

（　）幼稚園・保育園から

（　）市販されている受験情報誌

（　）そのほか

学校説明会にご出席なさいましたか。

（　）はい

（　）いいえ

・ご出席なさった方は、ご感想、ご意見をお聞かせください。

・本校受験に際してどのような準備をされましたか。差し支えない範囲でお書きください。

1

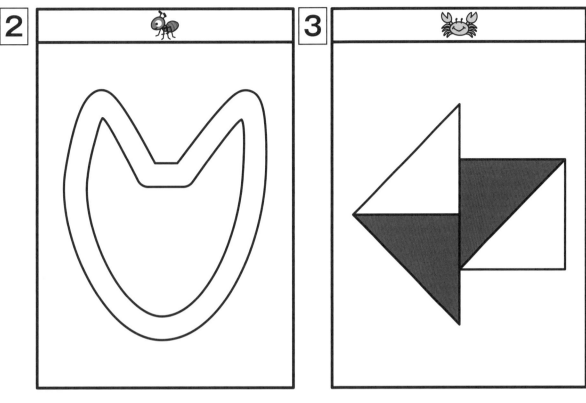

東京学芸大学附属 世田谷小学校 入試シミュレーション

東京学芸大学附属世田谷小学校入試シミュレーション

1 話の記憶

「7歳になったたかし君は今度の日曜日に、町の子ども会が行うキャンプに出かけます。今日はその支度のためにお母さんとデパートへお買い物に来ています。リュックサックと水筒とビーチボールを買いました。しかし、お母さんが帽子を買うのを忘れてしまいました。お母さんはたかし君に絵本売り場で待つように言い、帽子売り場へ戻ることにしました。たかし君はお母さんに『帽子は野球帽がいいな』と言いました。たかし君は、絵本売り場に最近できた読書コーナーが大好きです。たかし君が日本の昔話シリーズの中の『乙姫』や『玉手箱』が出てくる本を読んでいたら、お母さんが帽子を買ってきてくれました」

・上の四角の中で、たかし君たちがデパートで買ったものに○をつけましょう。
・真ん中の四角で、たかし君が読書コーナーで読んだお話の絵に○をつけましょう。
・下の四角で、たかし君の年の数と同じ数のおはじきに○をつけましょう。

2 話の記憶

「さとし君は夏休みに、お父さんとお母さんと妹のあやちゃんと家族4人でキャンプに行きました。キャンプでは家族でカレーライスを作って食べました。お父さんはご飯を炊く準備をし、さとし君は包丁を上手に使ってニンジンとジャガイモを切りました。お肉はヌルヌルしていて切りにくかったのでお母さんに切ってもらいました。おいしいカレーライスを食べ終わると、お父さんがモモを出してくれました。お家ではお母さんが食べやすく切ってくれるけれど、お父さんは何と皮をむいてそのままパクッと食べました。さとし君もお父さんのまねをして、大きな口を開けてパクッと食べてみました。甘い汁がジュワッと出てきて、とてもおいしかったです。キャンプから帰ると、さとし君はキャンプでの楽しかった出来事をスケッチブックに描きました。もうすぐ夏休みも終わってしまうのに、さとし君はまだやりたいことがたくさん残っています。お友達のけんちゃんと花火もしたいし、スイカ割りもしてみたい、やりたいことが次から次へと出てきました」

・上の段です。さとし君の家族が正しく描いてある絵に○をつけましょう。
・下の段の左です。カレーライスに入れたものに○をつけましょう。
・下の段の右上です。デザートに出てきた果物に○をつけましょう。
・下の段の右下です。さとし君は夏休みの残りにどんなことをしてみたいと思いましたか。正しい絵に○をつけましょう。

3 常識（判断力）

たろう君はお母さんと一緒にデパートにお買い物に行きました。エスカレーターに乗ろうとしたら、お姉さんたちが並んでおしゃべりをしていて通れません。どうしたらよいか4匹の動物がお話ししています。どの動物が正しいと思いますか。スイカの四角の中から正しいと思う動物を全部選んで○をつけましょう。

・クマ君が言いました。「邪魔だから、お姉さんを押して通ろう」

・ウサギさんが言いました。「すみませんと声をかけて、通してもらおう」

・サルさんが言いました。「エスカレーターって面白いから、上ったり下りたりして遊んでいればいいよ」

・リスさんが言いました。「わたしは階段を使って上がるわ」

5階のおもちゃ売り場に着きました。前から欲しかったロボットのおもちゃを売っていたので、お母さんに「買って」とお願いをしましたが「今日は駄目よ」と言われました。どの動物が正しいと思いますか。サクランボの四角の中から選んで○をつけましょう。

・クマ君が言いました。「今日は我慢をして、お誕生日が近づいたら、またお願いしよう」

・ウサギさんが言いました。「いつまでも待つのは嫌だから、今度自分のお金を持ってきて買えばいいよ」

・サルさんが言いました。「絶対に欲しいときは、大きな声で泣いてぐずれば、お母さんは優しいから買ってくれるよ」

・リスさんが言いました。「ロボットのおもちゃが駄目なら、違うおもちゃを買ってもらえばいいよ」

おもちゃ売り場で遊んでいたら、お母さんとはぐれて迷子になってしまいました。どの動物が正しいと思いますか。メロンの四角の中から選んで○をつけましょう。

・クマ君が言いました。「大きな声で泣いていれば、お母さんが来てくれるよ」

・ウサギさんが言いました。「おもちゃ売り場の人にお話しして、お母さんを探してもらうわ」

・サルさんが言いました。「お家まで1人で帰れるから、自分1人でお家に帰るよ」

・リスさんが言いました。「1人でデパートから出て交番を探しに行って、お巡りさんにお母さんを見つけてもらえばいいよ」

お買い物も終わり、お母さんと一緒にバスに乗りました。4匹の動物も乗っています。どの動物が正しいと思いますか。ブドウの四角の中から選んで○をつけましょう。

・クマ君は、おなかがすいたのでデパートで買ったお菓子を食べました。

・ウサギさんは、仲よしのお友達が乗っていたので、楽しくて一緒に歌を歌って過ごしました。

・サルさんは、おばあさんが乗ってきたので、席を譲りました。

・リスさんは、お友達が見えたので、窓から手を出して振りました。

4 常識（判断力）

クマ君とウサギさんとパンダさんとリスさんがこれから幼稚園に行くために、お母さんと一緒に歩き始めました。あなたはどの動物の言っていることがよいと思いますか。リンゴの四角の中から選んで○をつけましょう。

・クマ君が言いました。「今日はお天気がよいから、お昼ごはんの時間まで公園で遊んでから幼稚園に行こうよ」
・ウサギさんが言いました。「そうね。たくさん遊んでから幼稚園に行った方が、おなかがすいてたくさんお昼ごはんを食べられるものね」
・パンダさんが言いました。「そんなことをしたら、先生やお友達が心配するから早く幼稚園に行った方がいいよね」
・リスさんが言いました。「わたし、お母さんと離れるのが嫌だから、お母さんも幼稚園のお部屋に入って今日１日一緒に遊んでね」

クマ君とウサギさんとパンダさんとリスさんが幼稚園に着きました。あなたはどの動物のようにしますか。ミカンの四角の中から選んで○をつけましょう。

・クマ君は、仲よしのキツネ君を見つけたので、かばんを背負ったまま幼稚園のお庭で遊び始めました。
・ウサギさんは、大きな声でお友達や先生にあいさつをしました。
・パンダさんは、門のところであいさつをするのが恥ずかしいから、先生に見つからないようにそっと入っていきました。
・リスさんは、門のところで転んで泣いている子を見ましたが、遅れるのが嫌だから声をかけずに入りました。

みんなが集まってきたので、これから朝の会が始まり、みんなで歌を歌うようです。あなたはどの動物が言っていることがよいと思いますか。ブドウの四角の中からよいと思う動物を全部選んで○をつけましょう。

・クマ君は「みんながしっかり歌わないから僕もやる気が出ない」と言いました。
・ウサギさんは歌っていないと思われるのが嫌だから、口をパクパク動かすことにしました。
・パンダさんは、「僕が大きな声で歌い始めれば、みんなもついてくる」と思って歌い始めました。
・リスさんは、みんなの声がそろうように前に出て「せーの」と合図をし、手拍子を打ちながら歌うことにしました。

お昼の時間になり、先生が「お昼ですよー」と呼んでいます。あなただったらどの動物の

ようにしますか。サクランボの四角の中から選んで○をつけましょう。

・クマ君は、遊んでいたおもちゃを片づけ始めました。

・ウサギさんは、読んでいた絵本を「これも片づけておいて」とお友達に頼んで、「わたしが一番乗りだ」と言っています。

・パンダさんは、パズルができあがらないので、まだ続きをしています。

・リスさんは「遊んでいたおもちゃは、ごはんを食べ終わったら片づける」と言っています。

5 常識（道徳）

・行儀の悪い子を探して○をつけましょう。上の段も下の段もやりましょう。

6 常　識

・上の段です。土の中で生活する生き物に○をつけましょう。

・真ん中の段です。動物たちが、アゲハチョウの幼虫の餌のことについて話しています。正しいことを言っている動物に○をつけましょう。

　タヌキ「幼虫も親と同じように花のみつが好きだから、花を入れた方がよいよ」

　サル　「幼虫はサンショウやミカンの木の葉っぱを食べるから、その葉っぱのついた枝を入れる方がよいよ」

　キツネ「カブトムシやクワガタムシがよく食べる昆虫用のゼリーを入れた方がよいよ」

・下の段です。アゲハチョウの卵に○をつけましょう。

7 絵の記憶

上の絵を20秒間見せた後隠し、下の四角を見せる。

・演奏していなかった動物に○をつけましょう。

8 位置・記憶

上の絵を20秒間見せ、隠す。

・上を向いた矢印がかいてあったマス目に○をかきましょう。

9 巧緻性

・周りの線にぶつからないように、黒丸から黒丸まで線を引きましょう。

10 巧緻性

・周りの線にぶつからないように、黒丸から始めてグルッと線を引き、黒丸にもどりましょう。また、内側の形には、クーピーペンで薄く色を塗りましょう。

1

2

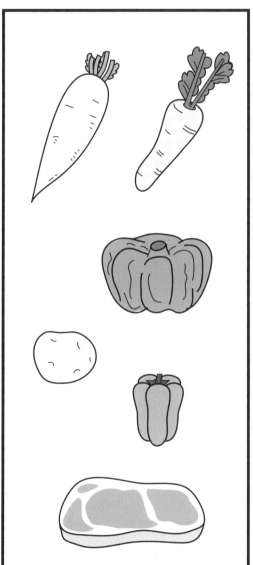

3

4

5

6

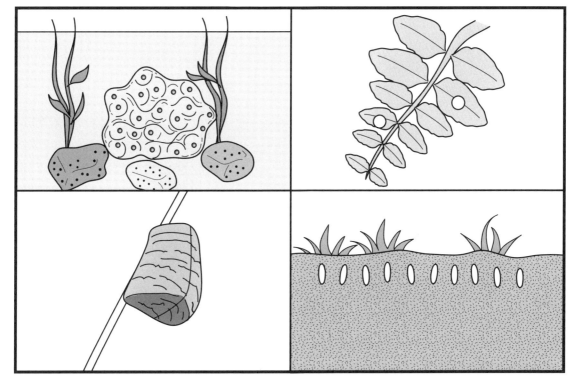

7

8

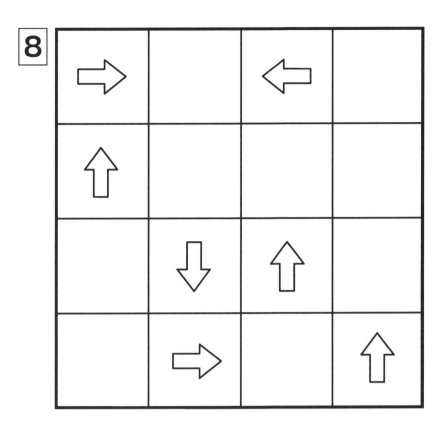

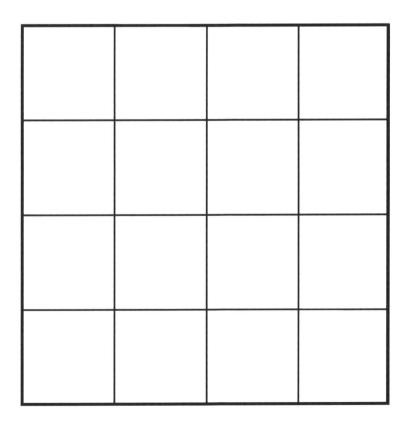

9

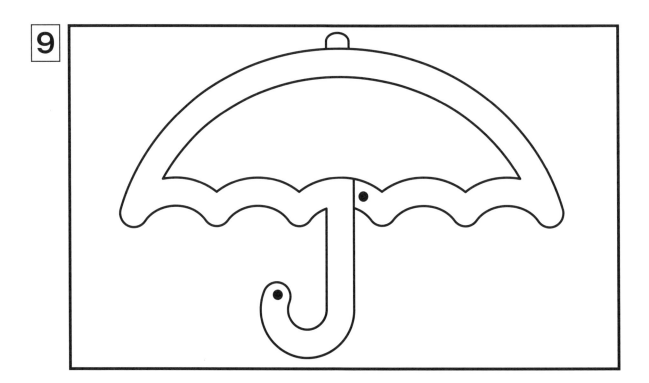

10

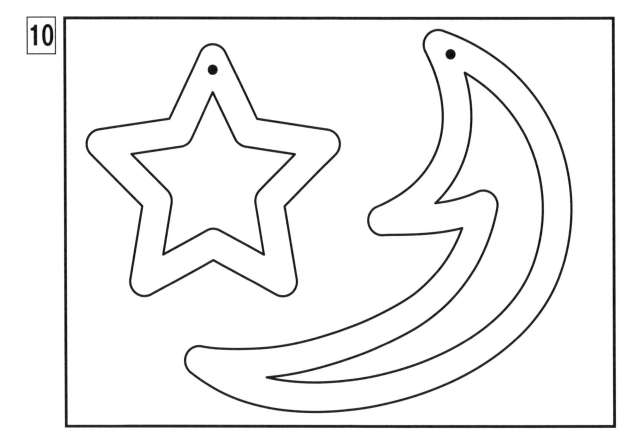

東京学芸大学附属 世田谷小学校 入試問題集

解答例

✱ **解答例の注意**

この解答例集では、ペーパーテスト、個別テスト、集団テストの中にある□数字がついた問題、入試シミュレーションの解答例を掲載しています。それ以外の問題の解答はすべて省略していますので、それぞれのご家庭でお考えください。（一部□数字がついた問題の解答例の省略もあります）

入試シミュレーションの解答例もあります！

© 2006 studio*zucca

Shinga-kai

1

2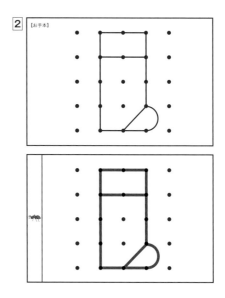

3

※3は解答省略

1

2

※1の2問目は解答省略

3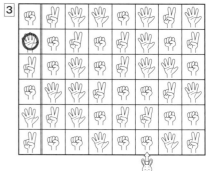

4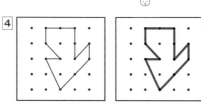

2022 解答例

5

※⑤は解答省略

2021 解答例

1

2

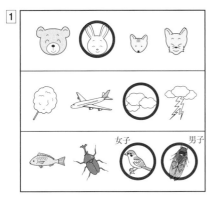

3

4

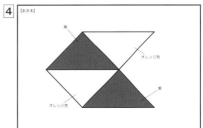

5

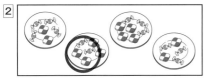

※⑤は解答省略

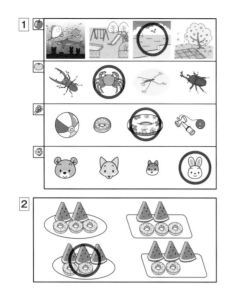

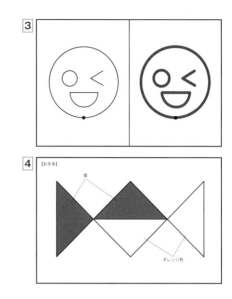

※5−A、Bの2問目は解答省略

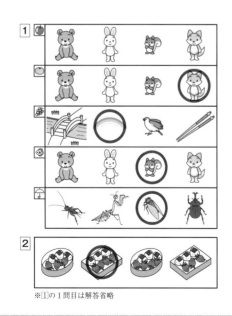

※1の1問目は解答省略

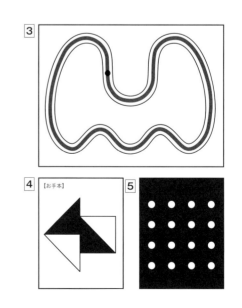

6
A
B

※6は解答省略

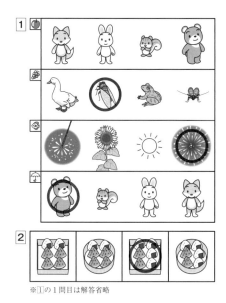

※1の1問目は解答省略

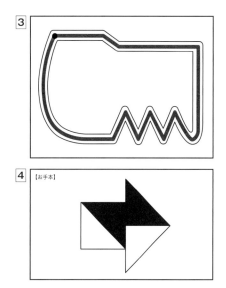

※5は解答省略

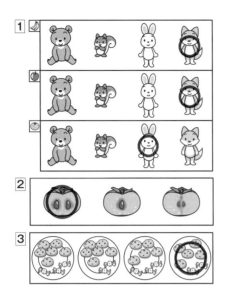

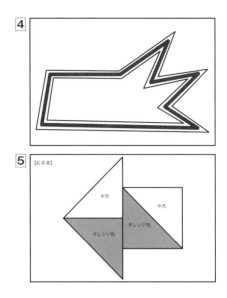

※ 6 は解答省略

※ 1 の 1 問目と 2 問目、2 の 2 問目は解答省略

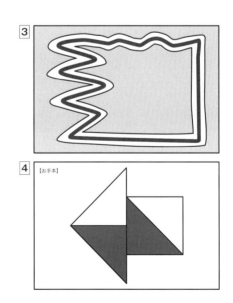

5

※5は解答省略

1
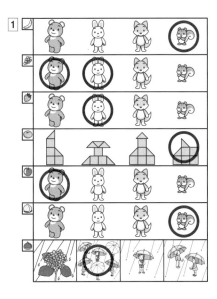

2
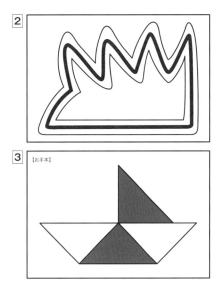

3 【お手本】

4

※4の1問目は解答省略

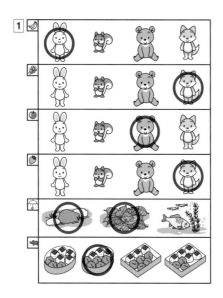

※4は解答省略

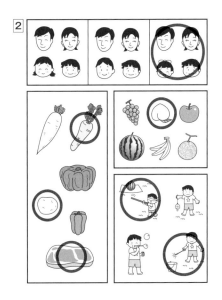

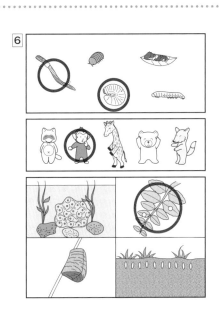

7

8

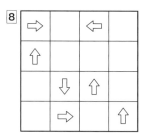

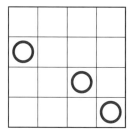

9

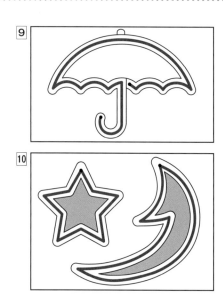

10

memo

Shinga-kai